Verwag om te praat?    Verplig om te praat?    Wil jy praat?

# 60 MINUTE

# NA 'N BETER

# OPENBARE

# SPREKER

## KEVIN ABDULRAHMAN

### "OPENBARE SPREKERS AFRIGTER VIR DIE STERRE"

Meeste mense eis nie

Vinnige Resultate .


# Ek Doen.

## OOR DIE SKRYWER

Openbare Sprekers Afrigter vir die sterre.

Kevin Abdulrahman se lang lys van kliente sluit in Akteurs, Kennisse, Ambassadeurs, Raadslede, Hoof Uitvoerende Beamptes, Afgevaardigdes, Uitvoerende Bestuurders, Entrepreneurs, Senior Bestuurders, Denkers, Vennote, Presidente & Adelikes.

# VOORWOORD

Die beste belegging wat jy ooit kan maak, is in jouself.

As 'n internasionale spreker en ambassadeur self, kan ek jou vertel hoe onmiskenbaar die belangrikheid van praat met impak is.

Ek ken vir Kevin al 'n aantal jare. Hy is bekend vir sy vermoë om *wêreld leiers* te help met hulle kommunikasie en openbare sprekers vaardighede.

Sy onderliggende krag en vaardigheid, is in sy vermoë om dit wat hy weet saam te voeg en oor te dra aan ander.

Ek het dit geniet om hierdie boek te lees, omdat Kevin nog altyd goed was om sy openbare toespraak leringe, prettig en op die punt te maak. In een van die hoofstukke, praat hy van 'skilder die prentjie'. Uit persoonlike ervaring, kan ek sê dat hierdie idee alleen, 'n reuse verskil gemaak het, aan die toesprake aan my gehore wêreldwyd.

Die grootste individue, professionele en leiers word dikwels onthou as gevolg van hulle vermoë om te praat met impak.

Verby is die dae waar jy kon wegkruip agter jou lessenaar.

As jy ernstig opgevat wil word, kry befondsing vir 'n projek, oorreed jou span lede, lei met invloed and praat sodat jy gehoor word. Jy moet jou openbare spreek vaardighede afstof.

Vandag, sal jy vind dat daar of van jou verwag word, of dat jy verplig word om te praat . Soos Keven sê, *jy kan nie ontsnap van openbare spreking nie.*

Kevin het 'n ernstige (en gevreesde ) onderwerp geneem, en 'n maklik om te lees (en te implimenteer) handleiding geskep. Enige een kan verbeter, beter lewer and beter voel - in 60 minute.

So is Kevin se leierskap oor die onderwerp van openbare spreking, dat hy dit reggekry het om 'n belangrike saak, eenvoudig oor te dra.

Dit alleen sê baie.

Wanneer jy hierdie boek lees, sal jy weet wat ek bedoel.

As jy 'n vinnige handleiding oor beter openbare spreking benodig, en min tyd het, is hierdie boek vir jou.

60 minute is al wat jy nodig het om te verbeter in openbare spreking.

Vat my woord. Hierdie sal een van die beste beleggings wees, wat jy ooit in jou lewe sal maak.

Sy Eksellensie Shiek Mohammed Bin Abdullah Al Thani,
"Die eerste Katari wat die top van Everest bereik het "

# TOEWYDING

Net jy kan die die werklike waarde van die geskrewe woord na vore bring.

Leer, pas toe, en ontwikkel voortdurend jou vermoë om te praat.

Jy is deel van hierdie boek net soos hierdie boek deel van jou sal word.

# BEDANKINGS

Hierdie boek is 'n liefdes daad.  Gedistilleerde druppels van tien duisend ure wat gespandeer is met die samewerking van sommige van die mees magtigste figure, denkers en inspirerende koppe in die wêreld.

Om al die name te noem, sal 'n boek op sy eie benodig.  Ek is vir altyd verskuldig en dankbaar oor die tyd wat ons saam spandeer het en nog steeds spandeer.

Julle is die inspirasie en die resultaat vir wat die boek vandag aanbied.

Vir hierdie konsep om te werk, was 'n langdurende eliminasie proses benodig.

Baie moes uitgeskakel word sodat die mees gepaste tegnieke moes bly.

# WAT IS OPENBARE SPREKING

As dit jou bedoeling is om 'n spesifieke boodskap aan 'n groep oor te dra, en jy 'n verlangde uitkoms verwag, dan spreek jy in die openbaar.  Daarom, openbare spreking.

Of jy 'n vertrek vol raadslede wil beïnvloed, 'n personeel vergadering wil lei, jou assosiasie wil toespreek, jou maatskappy verteenwoordig as ambassadeur, 'n seremonie lewer, 'n projek wil voorlê, jy het nodig om te praat.

In hierdie kompeterende wêreld, weet vaardige en suksesvolle individue dat hulle vermoë om te praat 'n verpligte vaardigheid is.

Sommige besef dit gouer, ander eers later.

Almal kom tot dieselfde gevolgtrekking – jy kan nie ontsnap van Openbare Spreking nie.

Openbare spreking is 'n noodsaaklikheid vir enige individie, professioneel en leier-watookal jy doen.

Dit is n vereiste by elke individu en intree vlak om effektief te kommunikeer.

Ek het taamlik ondervinding in die saak.

Ek het al te veel individue gesien wat opstaan en swak praat. Sommige kanselleer hulle geleentheid om te praat en sukses te behaal, terwyl ander so ver gaan om hulself vas te boek op die presiese datums wat hulle benodig was, alles net om dit te vermy om vir so kort as twee minute te praat.

Miskien het jy openbare spreking weggewys as iets waarsonder jy kan klaarkom. Of miskien soos baie ander vandag, was jy so gefokus op jou werk dat jy tot nou verby hierdie vaardigheid gekyk het.

Jy is nie alleen.

Meeste mense is ongemaklik met hulle openbare sprekings vaardigheid.

*Hulle glo hulle kan beter.*

Die uitdagings wat gepaard gaan met openbare spreking is nie iets waardeur jy kan slaap, 'n ompad neem, of hoop dit sal net weggaan nie. Dit sal nie.

Daarom is dit beter dat ons op die maklikse en mees effektiewe styl met dit handel soos met enige uitdaging gehandel, en sukses behaal word. Kop eerste!

"Die enigste manier uit 'n probleem

is om deur dit te gaan"

Anoniem

# WAT IS JOU REALITEIT?

i)    Jy het nog nooit gedink aan openbare spreking.
ii)   Jy was so besig dat jy nooit daarby gehaal het.
iii)  Jy het al baie boeke gekoop, maar nooit gelees nie.
iv)  Jy is in die posisie waar mense verwag jy moet praat.
v)   Jy het 'n verpligting om te praat. Hier kan jy nie ontsnap
vi)  Jy wil 'n goeie openbare spreker wees.

Ons konsultasie kontrakte met privaat maatskappye en openbare organisasies is vandag op grootskaal toegewy aan kommunikasie opleiding op alle vlakke.

Top spanne wil hê *al* hulle mense, van verkoops agente en middelvlak bestuurders tot hulle C vlak bestuurders, raadslede en Presidente, moet praat met *impak.*

Hoekom? Want,

Jou vermoë om met oorgawe aan te bied, en te spreek met impak sal aanlyding gee tot hoe jou gehoor *jou* sien, jou waarde, jou produkte, jou dienste, jou maatskappy, jou handelsnaam, en uiteindelik jou geloofwaardigheid en bevoegdheid.

Maar dit weet jy alreeds!

3

## OP 'N SKAAL VAN 1 TOT 10

HOE VOEL JY OOR JOU OPENBARE SPREKINGS VERMOË

1  2  3  4  5  6  7  8  9  10

Min selfvertroue

Selfversekerd

(As 10, behoort jy nie
hierdie boek te lees nie)

"Al die goeie sprekers was

eers swak sprekers"

Ralph Waldo Emerson

# INLEIDING

Ek het hierdie boek geskryf met geen betrekking tot uitgewers, verspreiders, of handellaars.

Dit is net vir jou, die persoon wat wil verbeter met openbare spreking.

Soos die komediant Tina Fey geskryf het oor wat sy opgetel het by haar 'Saturday Night Live' baas, Lorne Michaels, "Die program begin nie omdat dit gereed is nie; dit begin want dit is *half twaalf*."

Jy soek iets opsommend en omvattend.

Jy het hierdie boek gekry vir 'n spesifieke rede.

*60 minute is al wat jy het.*

Jy spring weg met 'n verwoede spoed want jy het jou praatjie/voorlegging/openbare toespraak gelos vir die laaste minuut.

Jy het nodig om 'n impak te maak.

Jy soek na kragtige denke en tegnieke om onmiddelik uittevoer.

Ek het hard gewerk om seker te maak dat elke woord wat ingesluit is (en die tien duisende wat weggegooi is) regtig *onmiddelik* vir jou sal help met jou openbare spreking

Ek het hierdie boek saamgestel vir jou as 'n handleiding (oorleef en streef) vir elke keer wat jy moet opstaan en praat.

Ek wil hê jy moet openbare spreking *geniet* soos wat ek duisende ander in my seminare reg oor die wêreld geleer het – op 'n ontspanne manier wat die gehoor op hulle gemak stel.

Die denke en tegnieke is *maklik* om te implimenteer, maar tog bring dit 'n *beduidende* verskil in jou eind resultaat.

As jy voel hoe half twaalf nader sluip, wees gerus, *ek is hier vir jou!*

60 minute tot beter openbare spreking sal jou help om 'n beter openbare spreker te word.

Dis my belofte.

Hierdie tegnieke het gewerk met Presidente.

Dit sal werk vir jou.


Jou 60 minute begin NOU!

# 1.  LUISTER NA MAMMA

Jy voel dalk ongemaklik aan die gedagte dat jy moet praat.

Angstig, gestres, gespanne, stywe nek, krakerige keel, droë mond, miskien oorweeg jy om te laat weet jy is siek (ek het dit al te veel kere sien gebeur) as gevolg van 'n of opkomenende sprekings verpligting.

Mamma het as kind altyd vir my gesê,

*"Kevin stop.  Haal tien keer diep en stadig asem. 10, 9 , 8, 7, 6, 5, 4, 3, 2, 1. Regso, gaan nou en vat die wêreld aan".*

Ek weet wat jy dink.

Ek het dieselfde gedink.

*Wat het asemhaling te doen met ontslae raak van my senuwees vir praat?*

Sonder om te veel in die wetenskap in te gaan, wanneer jy stop en tien keer diep asemhaal, vul jy jou longe en brein met meer suurstof.

Jy sal ook voel asof als rondom jou stadiger raak ( soos jy sien op die flieks) en dan sal jy begin ontspan.

Maak seker dat  jy heeltemal in asem, sodat jy jou diafragma vul (area net onder jou rib bene) 'n Goeie diep asemhaling behoort jou maag te laat uitstoot asof jy 'n hele week se etes in een sessie geëet het.

My mamma is nou jou mamma, wat beteken ons moet luister na haar.

Haal tien keer diep asem.

Dit sal jou minder as 2 minute neem.

Twee minute wat 'n groot verskil gaan maak.

"Lug bo my, aarde onder my,
vuur binne my."

SKYRIM

## 2. DIE GEHEIM IS UIT

Ek het tien duisende kliënte van alle vlakke in die lewe gehelp deur met hulle 'n geheim te deel.

Sal jy graag wil weet wat dit is?

Kom nader, sodat ek jou kan vertel wat ek hulle vertel het.

Jy moet *pret* hê

Jy sê, "Kevin ek is 'n intellektueel. Ek moet praat oor iets in die katagorie van vervelig maar belangrik."

Ek sal nog steeds dieselfde vir jou sê – jy moet pret hê.

Meeste mense, insluitend jy, het vergeet van hierdie ingebore vermoë en begeerte van mense om pret te hê.

Jy tree jou beste op wanneer jy pret het, en om eerlik te wees, ek gee nie om hoe ernstig jy geword het nie, jy weet hoe om pret te hê. Iewers in jou lewe het jy al.

Sê my, wanneer was die laaste keer, wat jy 'n praatjie, opleiding, pers konverensie, handels gebeurtenis of konverensie bygewoon het met die vrywillige voorneme dat jy *jou dood sal verveel?*

Jy het nie.

Glo my dan as ek sê dat jou gehoor (watookal die saak mag wees) nie anders is as ek en jy.

Hulle wil nie aan die slaap gepraat word nie.

Hulle sal dit *graag* wil geniet en betrokke wees wanneer hulle na jou luister (selfs 'n ernsige onderwerp).

Om pret te hê is 'n houding.

Wanneer jy hierdie houding kies, sal jy meer leer, strewe om jou denke te verfyn,  jou beste werk lewer,  jou openbare sprekers vaardighede verder afstof en die vrymoedigheid hê om elke geleentheid aan te gryp wat jy kry.

Wanneer jy pret het, sal jou gehoor meer ontvanklik wees vir jou denke, idees en voorstelle.

Wanneer jy pret het, sal jou gehoor jou sien as charismaties, gemaklik, selfversekerd en in beheer.

Nou sê my nou jy wil dit nie als hê nie?

Natuurlik wil jy.

## 3. DIT IS NIE SO SLEG

Hier is 'n ander vraag wat ek my kliënte vra.

Wat is die ergste wat kan gebeur as gevolg van openbare spreking?

Ek wil het jy moet dit neerskryf.

---

---

In meeste gevalle kry elkeen die geleentheid om nog 'n dag te lewe.

*As dit nie is nie sou die lees van hierdie boek, en die verwagting om antwoorde te kry 'n onrealistiese oplossing wees vir wat jy benodig*

As dit nie lewensgevaarlik is nie, ontspan.

"Al val jy op

jou gesig, beweeg jy

steeds vorentoe"

Robert Gallagher

## 4. NET 'N GEDAGTE

Jy mag bekommerd wees met wat jou gehoor mag dink, wanneer jy opstaan om jou boodskap oor te dra.

Laat ek jou vertel wat hulle nie sal dink nie.
*"Hahaha kyk na haar. Sy is so gespanne. Sucker."*

Wat hulle sal dink(99.99% van die tyd) is,
*"Liewe genade, Eks bly dis nie ek wat daar voor moet staan nie".*

"As jy deur hel gaan, hou aan"

Winston Churchill

# 5. RAAM DIT REG

Wanneer gevra word om 'n praatjie te lewer, praat baie individue oor hoe wonderlik hulle is, waaroor hulle maatskappy gaan en die ongelooflike produkte en dienste wat hulle aanbied.

STOP!!!

Jy mag dalk praat, maar vermy om die fout te maak om 'n praatjie te lewer wat draai rondom jou (en wat jy verteenwoordig).

Jou hele boodskap moet draai rondom 'n eenvoudige lewens beginsel 'WKEHU' - Wat kry ek hier uit.

Elke keer as jy jou boodskap voorberei, vra jouself af, "Wat is in dit vir my gehoor"?

As jy 'n verkoops agtergrond het sal jy weet dat mense nie syfers koop. (verkeerde raam).

Hulle koop voordele (regte raam).

Dit gaan nie oor hoe goed jy en jou groep is nie, dit gaan oor hoe die gehoor kan voordeel trek uit dit wat jy aanbied.

Hou altyd hierdie kritieke element in gedagte.

Raam dit voordat jy dit Fraseer.

"Die doelwit vir effektiewe kommunikasie
moet wees vir luisteraars om te sê
'ek ook!' versus 'En?'"

Jim Rohn

# 6. VREES EN JY

Algemene vrese wat meeste mense ondervind by openbare spreking:

Vrees vir die onbekende

Vrees vir verwerping

Vrees om simpel te lyk

Vrees om uitgesluit te word

Vrees vir vorige foute

Vrees jy doen dit verkeerd

Vrees vir lugleemtes

Vrees om onbevoegd te lyk

Vrees jy lyk onnatuurlik

Vrees hulle hou nie van jou

Pas toe wat ek in hierdie boek deel, en elkeen van jou vrese sal verdwyn.

Jou verlede, is nie jou toekoms.

So wat as jy 'n fout maak as jy praat?

Dit gebeur met die beste van ons.

Al hierdie vrese spruit uit ervaringe uit jou verlede, ander mense se ervaringe en 'n verkeerde verwysingspunt- *you.*

Kom ons hanteer dit.

"Ek moet nie bang wees nie.

Vrees is die moordenaar van gedagtes. Vrees is die klein dood wat totale uitwissing bring.

Ek sal my vrese in die gesig staar.

Ek sal toelaat dat my vrese boöor en deur my gaan.  En wanneer dit verbygegaan het, sal ek my innerlike oog draai om sy pad te sien.

Waar die vrees gegaan het, sal daar niks wees.

Net ek sal bly."

Frank Herber

# 7. HOEKOM SO ERNSTIG?

So jy moet 'n praatjie lewer?

Hoekom so ernstig?

As jy ooit angstig is, dan doen jy dit verkeerd.

Jy dink dit gaan oor jou.

Nuusflits! Dit is *nie* oor jou.

Dit gaan oor die gehoor.

Jou rol is om die boodskap oor te dra.

Jou rol is om omtegee vir jou gehoor.

Jy moet genoeg omgee om te verseker dat jou gehoor die regte boodskap kry.

Het jy al ooit straat af geloop en ervaar hoe 'n totale vreemdeling vir jou glimlag?

In meeste gevalle sou die mees normale en instinktiewe reaksie wees om terug te glimlag.

Daar is 'n menslike wet, kragtig in die uitkoms wat dit bied, eenvoudig  om aan te wend.

Die wet van *wederkerigheid* is dat ons as mense geneig is om terug te gee wat ons ontvang.

Mense gee nie regtig hom hoe baie jy weet *tot hulle weet hoe baie jy omgee*.

Ons hou van die wat van ons hou.

Ons is lief vir die wat lief is vir ons.

Ons gee om vir die wat omgee vir ons.

Jy moet baie hard werk om iemand te vind van wie jy hou maar wie nie van jou hou nie.  As jy doen, geluk, maar daar is nie so baie van hulle nie.

Gee om vir jou gehoor.

Hulle sal dit sien, dit waardeer en as resultaat sal hulle dieselfde gevoel terug reflekteer deur om te gee en na jou te luister.

# 8. HERNOEM JOU GEVOELENS

Dink aan die eerste keer wat jy uitgegaan het saam met iemand.

Opgewonde.Gespanne. Angstig. Hart wat bons. Skoenlappers. Sommige of alles bo.

Maar jy het dit *positief* hernoem!

Jy beheer die naam wat jy vir jou gevoelens gee. Elke keer.

Openbare spreking is nie anders.  Hernoem jou gevoelens.

| Negatiewe naam | Nuwe Positiewe Benaming |
| --- | --- |
| Angstig | Goed. Jy lewe |
| Gestres | Opgewonde |
| Gespanne | Jy's 'n rock-ster. Jou werk is om jou bes te doen |
| Vreesvol | So is dit ook om 'n baba te hê. Maar baie pret. |
| Slaaploos | Goed. Meer tyd vir oefen. |

Die beste sprekers gebruik kop speletjies.

Dit werk vir hulle.

Dit sal vir jou werk.

"Draai jou gesig na die son en die skaduwees sal agter jou val"

Maori Proverb

## 9. SOM JOU KOMPITISIE OP

As hierdie 'n bokskryt was, sou jy te staan gekom het teen 'n mededinger wat onoorwonne is, drie keer jou grootte, en o, amper vergeet ek, wie beskou word as die wêreld kampioen. Voorspoed!

Regverdig om te sê, jy gaan nie hierdie wedstryd wen nie.

Goeie nuus. Jy is nie in 'n bokskryt nie.

Slegte nuus. Jou mededinger is sterker as wat ek beskryf het.

Wanneer jy praat, kom jy te staan teen wat beskou word as die mees kragtigste masjien in die geskiedenis van die mensdom.

Jy is nie besig met 'n slim foon of 'n tablet nie.

Jy is besig met die magtige *brein.*

Meeste mense praat, gemiddeld tussen 120-180 woorde per minuut. 'n Skilpad-agtige spoed as mens dit vergelyk met die 400+ woorde per minuut wat die brein kan verwerk.

Dit beteken: As jy 'n vervelige, standaard of flou praaitjie lewer, sal die twee van julle (jy wat praat en jou gehoor se gedagtes) myle van mekaar verwyder wees.

# "Die grootste probleem in kommunikasie is die *illusie* dat dit plaasgevind het"

## George Bernard Shaw

En asof dit nie genoeg is nie, het ek nog slegte nuus vir jou.

A.D.D , was beskryf as 'n kliniese term om die rusteloses te noem.

Te danke aan die bieps, twiets, piengs, luitone and geestelike dinge, sê ek dat almal vandag ly aan A.D.D ( ek staan eerste op die lys )

Hoe is dit vir 'n brutale wedstryd?

**Oplossing:**

Wees skerp.

Wees op die punt.

Hoe?

Lees aan.

## 10.  TREK DIE EINDSTREEP

Die kanse is, dat jy 'n kenner is in wat jy bespreek.

Dit beteken jy kan heel moontlik vir weke aan een praat oor die onderwerp.

Intuïtief, dink jy, *wonderlik*.

Nee. Dis nie die geval.

Jou gehoor sal nie vir jou 'n minuut gee van hulle tyd nie, wat nog te sê van 'n hele week.

Jou gehoor is besig met ander belangrike sake in hulle lewe.

Hulle het nie tyd vir 'n gebabbel nie.

As jy van die *punt af* is, sal jy nie eens 'n minuut kry nie.

'Most people consider crafting their message from a starting point.

Dit mag reg klink. Maar dit is nie.

Twee belangrike vrae bly onbeantwoord, dat dit  individue frustreerd en heeltemal van koers af met hulle gehoor, laat. Die probleem- daar is geen end in sig.

Jy moet begin deureerstens jou eindstreep te trek.

Antwoord hierdie twee vrae,

Wat is die doel van die praatjie?

_____

Wat wil jy hê moet jou gehoor onthou (of doen) nadat hulle na jou geluister het?

_____

Verstaan dat jy dit mag moeilik vind om 'n geldige antwoord te kry. Maar jy *moet* jouself druk tot dit kristalhelder word.

Hierdie sal jou fokuspunt word van waar jy 'n duidelike koers sal vind om te gaan.

Oorweeg dít. Jy is oppad om jou kantoor te verlaat en in jou motor te klim. Die vraag wat jy suksesvol moes beantwoord voor jy ry sou iets wees soos *"Waarnatoe ry ek?"*

So, ek vra jou om dieselfde vraag te vra oor jou praatjie.

Waarna toe stuur jy met jou praaitjie?

Na watter bestemming ry jy met jou gehoor?

Eers wanneer jy die eindstreep bevestig het, kan jy begin.

## 11. LAAT DIE STORM KOM

Gaan mal.

Skryf *al* jou gedagtes op papier.

Skryf rond en bond.

Skryf selfs al maak dit nie sin.

Skryf sonder om te redigeer.

Skryf vrylik.

Skryf in oorvloed.

Skryf asof jy 'n tweede lewe sal kry.

Skryf alles wat in jou gedagtes opkom.

As tyd dit toelaat, vat 'n ruskans. Miskien as jy later in die dag die inkopies doen, kry jy nog idees. Dit gebeur altyd. Kom terug, en skryf.

Skryf tot jy moeg is.

Wanneer jy jou toespraak uiteensit en skryf het jy my toestemming om vrylik te breinstorm.

Hierdie is die plek en miskien die enigste tyd wat jy die vryheid het om enige brabbel neer te skryf.

---

Pasop:  Meeste professionele lewer hulle praatjie in hierdie fase en wonder dan hoekom hulle gehoor hulle aanstaar met glaserige oë en in 'n koma verval.

---

JY SAL NOOIT DIT DOEN NIE.

"Elke spreker het 'n mond;
'n Netjiese reëling.
Somtyds is dit gevul met wysheid
Somtyds is dit gevul met voete."

Robert Orben

## 12. 'N PYNLIKE PROSES

Nadat jy deur die brainstorming van al die idees, gedagtes, stories, analogieë en voorbeelde gegaan het, kom die filter proses.

Dis pret as jy daarmee begin, maar hoe meer jy moet weglaat, hoe pynliker raak die proses.

As dit in lyn is met jou doel, sal dit vanself spreek.

As dit nie doen, *sny*.

Almal dink hulle gedagtes is goed (en dit kan wees), maar jou gehoor se gedagtes is *genadeloos*.

Ongelukkig, is jy nie in die posisie om emosioneel te raak oor jou inhoud nie.

As jy jou gehoor verveel of verwar, sal hulle jou boodskap ignoreer.

Geen tweede kanse nie.

Hierdie boek was oorspronklik 500+ bladsye (reeds geredigeer).

Dink jou in die wreedheid wat verduur moes word om 'n 60 minute verkorte weergawe te lewer

As ek moet praat vir tien minute,

benodig ek 'n week vir voorbereiding;

vir vyftien minute, drie dae;

vir 'n halfuur, twee dae;

vir 'n uur, is ek nou gereed.

Woodrow Wilson

Besef, dat hoe korter die tyd is wat jy die boodskap moet lewer, hoe harder *moet* jy werk.

Nou het ek jou aan die dink.

*"Wat moet ek sê? Wat moet ek weglaat?"*

Gedink jy vra nooit.

# 13.  MOET EK BLY OF MOET EK GAAN?

Jy sal gekonfronteer word met die weglaat van goeie stukke.

Die vrae wat jy nodig het om te vra is

1.  Wat is die doel van die praatjie?
2.  Is die punt inlyn met die uitkoms wat ek wil bereik?
3.  Pas dit?
4.  Vloei dit? (Sal praat hieroor kortliks)

In baie gevalle wanneer met kliënte gewerk word, was  daar soveel goeie material verwyder, dat hulle die verwyderde inhoud gebruik het vir 'n paar afsonderlike toesprake. Hulle het dit gebêre in hulle inhoud reserwe bank vir toekomstige gebruik. Jy kan dieselfde doen.

Somtyds lyk jou feite, gedagtes en idees goed aan die begin, maar dit klink net nie reg.  Of dit pas nie by jou uitkoms nie.

Wat moet jy doen?

Verwyder.

Hou aan deur alle *oortollige* vet van die liggaam af te sny, totdat die stuk, aanbieding, voorlegging of openbare toespraak 'n maer gespierde masjien is en gereed is om die kwaai kompitisie aantevat.

"As jy dit nie maklik kan verduidelik nie,

verstaan jy dit nie goed genoeg."

Albert Einstein

# 14.  EDWARD WIE?

Edward Everett word skaars onthou as 'n hoofspreker.

Onthou jy hom?

Moenie bekommerd wees nie.  Oor die jare, het slegs 5% van my seminaar deelnemers, van hom gehoor

In 1863 was Edward hoofspreker.  Hy het gepraat vir oor die twee ure.

So wat is so spesiaal daaraan om nie te onthou van Edward en sy twee ure toespraak nie?

Want jy het seker gehoor van die ander ou wat na hom gepraat het

- Abraham Lincoln.

Hy *was nie* die hoofspreker op daardie dag nie.

Hy het nie die twee ure gehad was Edward Everett gehad het nie.

Tog, tot vandag, word Abraham Lincoln onthou vir die lewering van die ikoniese *Gettysburg Toespraak.*

Die lengte van sy toespraak?

Twee minute.  10 sinne. 272 woorde.

## 15.  KRY HULLE AANDAG

*"Goeie middag dames en here.*

*Dankie dat u gekom het. Vandag sal ek......"*

Begin met dit, en die alarms gaan afgaan in die onderbewussyn van jou gehoor (want hulle weet reeds wat kom a.g.v. hul pynlike ervaringe)

- a.  Dit gaan VERVELIG wees!!!
- b.  Hoekom is ek hier?  Ek het so baie werk wat ek moet inhaal.
- c.  Wie lyk die gemaklikse? Sal ek oorleen na die linkerkant of regterkant om aan die slaap te raak.

*Jy het met jou inleiding die wedstryd verloor.*

As jy nie jou gehoor kan vang aan die begin nie, het jy geen kans om 'n goeie boodskap te lewer nie (maak nie saak hoe goed jy is nie).

Mense vandag is geeslik besig, gestres and uitgeput.

Jou gehoor se gedagtes sal gewoonlik (en moet nie dit persoonlik opneem nie) awesig wees,  gestres wees oor hulle werkslading, getraumatiseer deur die hantering van e-pos, die kinders, wat om te kook vir ete, jy verstaan wat ek sê.

Wat hulle nie nodig het nie, is nog iemand wat probeer om plek op te vat in hul kop.

As jy begin soos almal anders doen, sing jy n slaap liedjie – *Hallo Koma!*

Jy mag dalk praat met 'n vol vertrek. Besef dis net 'n vol vertrek van liggame.

Die vertrek is geestelik leeg.

Jou werk is om die gehoor geestelik in te bring in die vertrek.

Kry hulle aandag.

*"Hoe doen ek dit?"*, hoor ek jou vra.

# "n Stil see maak nie ervare seemanne nie"

## Afrikaanse Spreekwoord

## 16. BEGIN ANDERS

*"Ek dink my loopbaan het sopas sy piek bereik",* was Colin Firth se eerste woorde toe hy die Oscar ontvang het vir sy rol in 'The King's Speech'

Jy kan 'n verassende feit stel wat nie normaalweg geken word, om mense se aandag te kry nie. By voorbeeld, jy is dalk in die lugvaart sektor en jy moet praat oor ' n sekere aspek – veiligheid.

*"Het jy geweet die moontlikheid vir 'n fataliteit is 8 keer groter as jy bestuur, as wat jy vlieg?"*

Jou onderwerp mag vervelig wees.

Jou onderwerp mag belangrik wees.

Maar jy het geen reg om dit te gebruik as redes om jou gehoor aftestomp nie.

Word kreatief.

Begin in die middel van die vertrek.

Begin van agteraf.

Begin deur 'n probleem te beklemtoon.

Begin met 'n feit.

Begin met impak.

Begin met 'n aanhaling.

Begin met 'n staaltjie.

Begin met 'n afleiding (maar met betrekking tot die punt wat jy maak).

Deel en wys jou punt d.m.v. 'n aksie

Verbeel jou jy daag op by 'n geleentheid en die spreker vir die aand, besluit om intestap met sy nagklere, net om 'n punt te illustreer.

*(as jy dit nog nie gesien het nie, gaan aanlyn en soek 'Leadership Speaker Pyjamas')*

Prikkel jou gehoor se gedagtes.

Kry hulle aandag, of anders is dit beter om huis toe te gaan.

"Enige iemand wat vryheid verruil vir sekuriteit, verdien nie een van die twee"

Benjamin Franklin

# 17. DIT BEÏNDRUK MY NIE

Baie keer, verloop praatjies en openbare toesprake verkeerd omdat die spreker dink dat hierdie die tyd is om sy eie ego te streel.

Ek het gesien hoe professionele hulle tyd om te praat misbruik om te spog met hulle vermoëns,  woordeskat van lingo's, komplekse scenario's en uitspattige voorleggings.

Hulle praat soveel brabbeltaal, met die doel om slim te lyk.

Laat ek jou vertel, daar is niks slim aan hierdie benadering nie.

Al wat dit doen is om jou af te laat dwaal van jou doel as 'n spreker.

Jou eind doel is om die boodskap te *lewer*.

As jy dit doen sal jou gehoor sal beïndruk wees.

Dit mag dalk 'show time' wees vir jou, maar dit is nie die tyd om 'afteshow'.

Hierdie is die tyd ( 'n beperkte tyd ) vir jou om die beoogde boodskap te lewer met helderheid, doel en impak.

Jy praat nie brabbeltaal nie.

Moenie lingo praat (tensy dit 'n gehoor is wat bestaan uit mense wat die lingo praat).

Die woordeskat wat jy gebruik, moet nie bedoel wees om mense te beïndruk nie (jy moet 'n 'rapper' word as jy dit wil doen).

Moenie uitspattig word nie.

Hou dit eenvoudig.

Lewer jou boodskap eenvoudig asof jy dit lewer aan 'n 9-10 jarige kind.

Soos alle goeie sprekers het Winston Churchill die krag van eenvoud verstaan.

Toe hy sy bekende Oktober toespraak in 1941 gelewer het,  het hy 'n sleutel boodskap gekies, en dit gelewer,

*"Moet Nooit Ingee. Moet Nooit Ingee. Nooit. Nooit. Nooit."*

'n Sleutel boodskap wat oor en oor herhaal word.

Skerp.

Op die punt.

Dit is hoe jy lewer met impak.

Jy *sal* indrukwekkend wees.


"Dink soos 'n wyse man maar kommunikeer in die taal van die mense."

William Butler Yeats

## 18.  LAAT DIT VLOEI

Al ooit na 'n rivier gestaar?

Dit vloei net. Moeiteloos. Mooi.

Wanneer jy 'n praatjie lewer, wil ek hê jy moet aan jou boodskap dink as 'n rivier. Die vloei van informasie moet moeiteloos sin maak.

Ek het gesien hoe mense 'n groot hoeveelheid onsin praat, met die verwagting dat hulle gehoor op 'n manier sal sin maak daaruit.

Word wakker!

As dit nie vir jou sin maak nie, dan sal dit ook nie vir jou gehoor sin maak nie.

As dit wasig in jou kop is, sal dit 'n sandstorm in die gedagtes van jou gehoor wees.

*As jou gehoor moet dink daaroor, het jy hulle verloor.*

Die laaste ding wat jy wil hê, is 'n gehoor wat probeer sin maak in wat jy sopas gesê het.

Hulle sal *ophou* luister. Punt.

Jou gehoor het nie die kans om jou ware bedoeling te bevraagteken nie?

*Jou gehoor het nie tyd om te dink oor wat jy sê nie.*

Lees die sin hierbo totdat dit insink.

Sê wat jy bedoel. Bedoel wat jy sê.

Jou praatjie moet maklik op die gedagtes van jou gehoor wees.

Ek verkleineer nie die gehoor.

Hulle is slim. Hulle is ook geestelik lui.

Hulle wil nie dink of verplig voel om te dink nie.

Hulle moet jou kan volg met gemak.

Jy is die een wat staan.

You are the one delivering

Jy is verantwoordelik daarvoor dat jou boodskap sin maak.  Nie die gehoor.

Onthou dat 'n rivier moeiteloos vloei.

Vloei jou rivier van informasie?

"Hy wat wil oorreed moet sy vertroue nie in die regte argument plaas, maar in die regte woord."

Joseph Conrad

# 19.  MAAK DIT 'N FLIEK

Vermy memorisering.

Dit mag klink na bog praatjies aangesien baie ervare professionele met trots sal grynslag deur te sê dat hulle hul praatjie, toespraak of voorlegging gememoriseer het.

Jy sal op eindig met 'n oorlaaide brein en jouself benadeel wanneer jy moet praat.

As jy wil kalm, koel en gefokus wees voor jy praat, *bevry* jou brein van alle oortollige bagasie.

Gee jou boodskap 'n struktuur — soos 'n storielyn vir 'n fliek.

Dan, soos by enige storie of fliek, kan jy dan die gebeure visualiseer en onthou, want dit maak *logies* sin.

Dink aan die laaste keer wat jy en 'n vriend 'n fliek herleef het wat julle gekyk het, 'n vakansie wat julle sopas gehad het of hoe julle die naweek spandeer het.

Jou storie het 'n begin gehad, gevolg deur 'n reeks van gebeurtenisse en 'n end.

Dit het 'n *vloei* gehad.  Onthou? Die rivier vloei.

Jy mag elke besonderheid onthou, of jy het dalk een of twee klein dingetjies vergeet.

Maar jy het vloei gehad, van begin tot einde.

'n Eenvoudige storielyn kan jou help om jou gedagtes te visualiseer en aanmekaar te skakel (met die hulp van aktiveerders) van begin tot end.

Moet nie jou praaitjie memoriseer nie. Verander dit na 'n fliek.

## 20. GEE DIT LEWE

Te veel professionele lewer 'n praatjie en boodskap gepak met feite en syfers.

Hulle neem aan hulle gehoor is logiese wesens.

Jammer om julle terleur te stel maar ons is emosionele wesens. Ons verkies aanskoulike beeld materiaal bo afgestompte syfers.

As jy feite met impak wil lewer, moet jy die prentjie skilder in die gedagtes van die gehoor.

Help die gehoor om te *verstaan* wat jy bedoel.

Feit: *"Burj Khalifa is die hoogste toring in die wêreld teen 828m"*

Hierdie stelling stateer 'n feit. Maar dis net 'n nommer.

Dit kom nie naby die skilder van 'n prentjie of om eerder te sê,

*"Burj Khalifa is die hoogste toring in die wêreld. Teen 828m, is dit die grote van agt voetbal velde opmekaar gestapel."*

Jy is die skilder, en jou gehoor se gedagtes is 'n skoon doek.

Lok hul emosies uit. Verken hulle sintuie.

Gee jou boodskap kleur.  Gee dit skaduwee.

Gee dit diepte.  Gee dit dimensie.

Gee dit smaak.  Gee dit geur.

Gee dit gevoel. Gee dit tekstuur.

Jou gehoor kan net sien wat jy sien, maar eers nadat jy die prentjie goed geskilder het.

"Ek droom ek skilder en dan skilder ek my droom"

Vincent Van Gogh

## 21. PROJECT POWER

*Umms, ahhhs, soos, jy weet, OK, eintlik...*

Moet nie eens daaraan dink nie.

Daar lê krag in 'n pose.

Stilte is ongemaklik vir meeste mense.

Gebruik dit as jou krag spel.

Jou vermoë om 'n oomblik van pose te neem sonder om gaping vullers te gebruik sal help om *selfvertroue* uit te straal.

Jy sal gesien word as iemand wat *gemaklik* is en in *beheer*.

'n Pose stel jou gehoor in staat om dit wat jy gesê het, in te neem en te prosesseer.

'n Pose sal jou gehoor op die punt van hul stoele laat sit, terwyl hul wag vir jou om jou volgende stelling met impak te lewer.

'n Pose is die punktuasie wat jy sou gebruik het as jy in skrif gekommunikeer het met jou leser.

'n Pose gee jou houding.

En om dood eerlik te wees, 'n pose gee jou 'n paar sekondes om jouself bymekaar te kry (as jou gedagtes deurmekaar gehardloop het) en dan jou volgende punt kragtig te lewer..

*Jy kry die idée.*

*Pose.*

# "'n Stilte op sy tyd is meer kragtiger as woorde"

Martin Fraquhar Tupper

# 22. KORT EN KRAGTIG

Met alles wat jy sover geleer het, kyk weer na jou toespraak.

Oorweeg elke punt.

Vra jouself, *"Hoe kan ek dit verbeter? Korter maak? Kragtiger maak?"*

Wanneer jy praat moet jou stellings net lank wees as dit regtig nodig is, andersins nie.

Wil jy beskou word op dieselfde vlak as die groot sprekers, denkers en Presidente?

Jy kan.

Hier is hoe die magtigste sprekers hulle gehoor wen.

Hulle gebruik

   a.   Kort sinne
   b.   Eenvoudige woorde
   c.   Terme wat almal mee kan identifiseer en met verband hou

Kwaliteit bo kwantiteit

Minder is beter.

"'n Goeie toespraak moet wees soos 'n vrou se romp;  lank genoeg om die onderwerp te dek en kort genoeg om belangstelling te wek."

Anoniem

# 23. PRESIDENSIËLE AFSLUITING

Mense onthou die *eerste* en *laaste* ding wat jy se.

Sou daar 'n onderhoud met jou gehoor gevoer word en gevra word, watter punt hulle kan onthou van jou boodskap, wat sou dit wees?

Wat is die opsomming en rede vir jou praatjie?

Wat is jou huistoe-ry boodskap (slotsom)?

Die afsluiting is waar jy jou gehoor geestelik oorhaal tot aksie.

Wat is jou plan van aksie?

Bring dit huistoe.

Volg die openbare sprekings reël — *"JY moet 'n kragtige, boeiende opening en 'n sterk onvergeetlike afsluiting hê , die twee so naby moontlik aanmekaar."*

Note: As jy die tyd het om te oefen, gaan kyk na die laaste twee minute van jou gunsteling ( welgesproke) politici en hulle veldtogte. Hulle afsluiting sal jou help om hul boodskap en plan van aksie te *besef.*

Sluit af op 'n hoë noot.

Sluit af met hoop.

Sluit af met 'n glimlag.

Sluit af met houding.

Sluit af met krag.

Jou laaste woorde word onthou,  laat hulle tel.


"Ja Ons Kan!"

Barack Obama

Veldtog slagspreuk,
2008

## 24.  JY IS BETER AS WAT JY DINK

Ek glo dit.

Nou moet ek jou net wys en jou dit ook laat glo.

Eerstens, glo dat daar 'n rede is hoekom jy gevra is om te praat. Daar is *waarde* in wat jy het om te deel met die gehoor.

Jy beter dit glo.

> "As jy dink jy kan, en as jy dink jy kan nie, dan is jy moontlik reg."
>
> Henry Ford

Tweedens, net sodat jy nie dink ek is een van daardie motivering raaa raaa raaa soort van sprekers nie, kom ek gee jou die realiteit om jou die hupstoot te gee om in jouself te glo.

Neem enige opname toestel (skoot rekenaar, slimfoon of video kamera as jy steeds een gebruik) en neem jouself op terwyl jy die praatjie lewer.

Jy sal

a)   Bewus raak van dele waar jy nog moet skaaf.

b)   Besef,  wat ek baie van my kliënte help om te waardeer, met groep werkswinkels of een tot een opleiding.  Soos met elke geval wat ek mee gewerk het,  sal jy besef dat mense jou beter sien as wat jy dink.

So gaan en neem op, kyk en verras jouself met die proeflopie.

*Ek weet, ek weet.Jy kan vir my koffie koop wanneer ons ontmoet. Ek is lief vir jou ook.*

# 25. STAAN HOOG

Van waar jy in loop in die vertrek, of selfs uit die motor klim, die oomblik as jy gesien word, is die *spel aan*

Jou postuur (staan hoog) beeld uit dat jy selfvertroue het, en in beheer is.

Jy moet stap en staan met houding.

Hoe jy voorkom is die tekstuur wat jy gee vir wat jy gaan sê.

Wanneer jy praat, staan met jou bene heup afstand uitmekaar. Ver genoeg sodat jy jou balans kan hou. Jy wil nie wiebel van kant tot kant of vorentoe en agtertoe wieg nie.

Jou skouers moet teruggetrek wees met jou kop gesenter, en gefokus op die gehoor.

Jy staan hoog.

Jou lugweë is oop vir jou om asem te haal en maklik te praat.

Hierdie is 'n wenner se postuur.

Jy dwing gesag af, is in beheer en lyk gemaklik en bevoegd.

Lyk die rol.

Wees die rol.

Staan hoog.

"'n Goeie standhouding en postuur reflekteer 'n goeie geestelike toestand.

Morihei Ueshiba

## 26. ONTLONT EN KONNEKTEER

Het jy geweet, kinders glimlag meer as 400 keer per dag?

Daardie nommer word verminder tot 'n gemiddeld van net 15 'n dag vir volwassenes.

Wanneer dit kom by openbare spreking, gaan die gemiddeld af tot net 'n handvol en ek is nog vrygewig.

Te veel individue is goed wanneer ek hulle een tot een ontmoet.

Dan lewer hulle 'n praatjie.

Skielik lyk hulle opgeblaas ( nie 'n mooi prentjie nie)

Kom ek vertel jou iets.

Voor vermoëns, kom *aanloklikheid*.

'n Plein, knorrige of opgeblase gesig is nie deel van aanloklikheid nie.

'n Opregte glimlag trek mense aan.

Ons voel goed wanneer ons glimlag (of sien hoe ander doen).

Voor jy 'n kans het om jou vermoëns te demonstreer, moet jy eers jou gehoor wen.  Om te glimlag gee jou aanloklikheid.

*Aanloklikheid* gee jou 'n gehoor wat *luister*.

Jy kan jou gehoor vertel dat jy bly is om hulle te sien, om by hulle te wees, en jou boodskap oordra.  Maar jou gesig moet dit wys.

Jy kan dit alles sê met 'n opregte uit-die-hart glimlag.

You can say all of that with a genuine and heartfelt smile.

Verstaan dat jou gesigsuitdrukking in lyn moet wees met wat jy sê. Tensy jy 'n huldeblyk lewer of besig is om met die media te handel gedurende krisis bestuur,  is 'n glimlag die vinnigste manier om jou gehoor te ontlont en met hulle te konnekteer.

Dit is jou keuse om dit toe te pas afhangend van die konteks van wanneer, waar en hoekom jy praat.

Dit kos jou niks om te glimlag, maar dit gee jou onmeetbare welwillendheid.

Jy sal die meeste van jou gehoor wen met die begin.

Glimlag is 'n wapen.  Gebruik dit.


"Jou glimlag is die boodskapper van jou welwillendheid"

Dale Carnegie

## 27. BEWEEG MET DOEL

Moenie net agter die kateder staan ( behalwe as jy 'n openbare toespraak lewer wat uitgesaai word vir die wêreld ).

Moenie wegkruip agter voorwerpe nie.  Hulle gaan jou nie red nie.

Moenie beweeg sonder doel. Jou gehoor sal bang en met letsels daar uitgaan.

Moenie wandel en waggel.  Hulle sal die paramedici ontbied.

Moenie op een plek stil staan nie. Jy sal een raak met die meubels.

Onthou jou gehoor kan nie vir lang tye hulle aandag gee nie.

As jy hulle aandag kry aan die begin, moet jy deurlopend hulle aandag hou.

Jy moet met alles wat jy het, betrokke kry.

Gebruik die spasie tot jou beskikking.

Afhangend van die situasie,  mag jy dalk net in staat wees om in een dimensie te beweeg ( soos 'n verhoog),  in so 'n geval het jy *links, senter en regs.*

As jy in 'n vertrek is, kan jy die hele vertrek gebruik.

Beweeg. Maar doen dit nét met doel.

Beweeg na die een kant van die vertrek en stel 'n punt.

Jy kan dan jou volgende punt stel deur die volgende beweging te maak.

Dit sal jou gehoor betrokke kry, jou help om die vertrek te dek,  en meer belangrik help om jou boodskap te lewer met impak.

By verre beter as 'n stywe 'agter die kateder' tipe spreker, stem jy nie saam?

*"Jy kan briljante idees hê, maar as jy hulle nie kan oordra, sal jou idees jou nêrens bring."*

Lee Iacocca

## 28.  GEBARETAAL

Gebare is noodsaaklik om 'n boodskap oor te dra. Maar met doel.

Moenie jou arms wapper asof jy stuipe kry of probeer om 3 vlieë met een slag dood te slaan nie.

Hou jou arms bo jou middellyf.

Jou gebare is gebaretaal.  Dit moet *in lyn* wees met jou boodskap.

Jou hande moet net beweeg as jy 'n punt stel.

As jy sê dit is *groot*, moet jy seker maak jou gebare wys 'groot' en nie anders.

Ek smeek jou, moenie iets doen omdat jy 'n openbare figuur dit sien doen het nie.

Die *krag posering* is 'n krag posering vir die vir wie dit natuurlik kom. Dit is nie 'n posering wat jy vir tien minute hou omdat jy *dink* dit straal krag uit nie.

Nie net sal jy lyk soos 'n idioot, jy sal *vals* voorkom.

Jou gehoor soek nie vals.  Hulle soek 'n outentieke spreker.

Egtheid gee jou die respek van jou gehoor.

Jy wil voorkom as magtig?

Neem 'n paar gebare wat gebruik word deur presidente en groot sprekers, sien watter een werk met jou persoonlikheid, en gebruik dit dan as deel van jou repertoire.

Jy mag dalk gaan vir Obama se *C hand gebaar* of Donald Trump se gebruik van die *kerktoring*.

Wat ook al jy kies, dit moet natuurlik voel vir jou.

"Niks weerhou iets so baie daarvan om natuurlik te wees, soos om onsself te dwing om dit so te laat lyk."

Francois de La Rochefoucauld

## 29. WEES MAGNETIES

Hulle is aanloklik. Hulle is charismaties. Hulle is sjarmant. Hulle is enigmaties.  Hulle het 'n onmiskenbare teenwoordigheid.

Daar is net iets aan hulle.

Hulle dwing gesag af.

Hierdie is maar sommige van die aantreklike kwaliteite wat mense opmerk in goeie sprekers.

Hoe sal jy daarvan hou om meer charismaties te word?

Hoe sal jy daarvan hou om teenwoordigheid af te dwing.

Wat as jy Magneties kon wees?

Maklik.

*Kyk op.  Maak oog kontak.*

Baie maak die fout om te staan en af te kyk.

Ander kyk na alles behalwe op die plek waar dit saak maak – *die gehoor*.

Ek weet jy mag dalk dink, *"Maar Kevin, dis oorweldigend om te kyk na 'n gehoor van 5,50,500 of 5000 mense".*

Ontspan. Ons gaan dit 'n nuwe naam gee.

Jy gee nie 'n praatjie vir vyf honderd mense nie.

Jy praat *een tot een*, vyf honderd keer.

Deel die gehoor in jou gedagtes op in 6 segmente, afhangend van die omgewing.

| Agter Links | Middel | Agter Regs |
|---|---|---|
| Voor Links | Middel | Voor Regs |

Elke keer as jy 'n punt stel, kyk in die rigting van een van hierdie segmente.

Meer belangrik, soek vir 'n gesig wat betrokke is by dit wat jy sê.

Kyk hulle in die oë en stel jou punt.

Praat soos jy met hulle sou praat, een tot een.

Wanneer dit tyd is om jou volgende punt te stel, kyk na n volgende segment, kies 'n gesig, kyk hulle in die oë en stel jou punt.

Jy sal vind dat jy deur die segmente 'n paar keer beweeg en elke keer sal jy 'n een tot een gesprek hê met iemand in die gehoor.

Skielik sal jou rondes van een tot een gesprekke, saam 'n groot deel van jou gehoor uitmaak.

**Voordeel:**

*Jy maak een tot een konneksies.*

*Jy skep bewonderaars in jou gehoor.*

*Jy werk met die gehoor deur hulle betrokke te maak.*

Maak een tot een konneksies deur hulle in die oë te kyk en deur oogkontak te hou ( in 'n sagte nie-afstootlike manier) terwyl jy jou punt stel.

Die oë is inderdaad die *vensters van die siel* en wanneer jy dit op 'n ontlontende manier doen, sal jou gehoor tot binne in jou kyk en jou egtheid aanvoel.

Hulle sal jou magneties vind, en jy sal dit voel.

## 30. DIE STEM

Jy wil gehoor wees.

Jy wil verstaan word.

Jy wil jou boodskap lewer met helderheid.

Jou vermoë om te praat met 'n stem wat gesag, selfvertroue, entoesiasme en omvang projekteer, sit gewig by die inhoud van dit wat jy sê.

Alhoewel, hierdie begeerte lei dikwels tot 'n algemene flater — individue wat baie hard praat.

Hulle wil hê die boodskap moet die gehoor bereik, so hulle *skree.*

"Hoe minder mense weet, hoe meer skree hulle"

Seth Godin

Om jou boodskap te skree gaan jou nie goed doen nie. Dit sal die ore van jou gehoor seermaak en jou laat afwyk van jou bedoelde boodskap.

Let wel: om te sag te praat sal ook jou gehoor se aandag aflei. In plaas van om te luister na jou boodskap, sal hulle eerder onder mekaar probeer uitvind oor die woorde wat jy mompel.

Jy soek 'n gesaghebbende stem.

Jy soek 'n helder stem.

Jy soek 'n outentieke stem – jou stem.

Deur vokale verskeidenheid te implementeer, sal dit jou help om sleutel punte te beklemtoon.

Geluk, hartseer, empatie, passie – als kan oorgedra word met jou stem.

Verbeel jou, dit *wat jy se*, is die uiteensetting van die prentjies in die gehoor se gedagtes. Met jou postuur, beweging en gebare gee jy dit dan skaduwee. Jou stem is wat die kleur en lewe gee in die prentjies (*hoe jy dit se*).

Sodra ons saam begin werk, se ek vir kliënte om te stop met hulle *lui postuur stem*. Jy weet, die postuur ( en die stem) wat jy het na 'n lang dag.

Jy is druipelend en voel om niks anders te doen as om jouself te sleep van die grond tot op die bank.

Geen vlak pratery nie (deur net die lug in jou mond te gebruik )

Jy soek en benodig 'n sterk stem, wat kom van jou kern.

Plaas jou hand net onder jou ribbekas en voel hoe jy diep asemhaal. Jou diafragma sal uitstoot. Dit behoort jou hand vorentu en agtertoe te laat beweeg (nie op en af).

Onthou mamma se les? Tien keer diep asemhaal en dan begin praat.

Gee spesiale aandag dat jou stem projekteer uit jou diafragma.

Dit sal eers snaaks voel aan die begin, maar hierdie is jou *regte stem* – jou outentieke stem.

Met oefening sal jy jou gehoor bekoor met jou outentieke stem.

Jy sal 'n wonderlike gevoel hê van gesag, beheer en vrede deur te praat uit soveel diepte.

Jou gehoor sal 'n merkwaardige verskil hoor en ondervind.

Welkom aan die stem van jou toekoms.

# 31. EK WIL OBAMA WEES

Nee jy wil nie  (al is dit onmiskenbaar dat Obama 'n goeie spreker is).

Maar jy wil regtig nie.

Reg, ek sal die ou wees wat jou hart breek (harde liefde) en dit sê.

Jy sal *nooit* Obama wees.

As dit jou sal laat beter voel - Obama sal ook nooit jy wees nie.

Die fout wat baie maak (en jy sien dit met meisies wat hul self vermink deur swak plastiese chirurgie) is dat hulle iemand anders wil wees.

Jy kan niemand anders wees as jouself.

Moenie 'n geveg begin wat jy verseker gaan verloor nie.

Die naaste wat jy kan kom is om '*soos Obama*' te wees.  En om *soos* iemand te wees is nie 'n kompliment.

Jy kan nie beter wees as iemand anders (of hulle wen) deur hulle te wees nie, so ook kan hulle nie beter wees as jy, deur jy te wees nie.

Jy kan slegs die beste word wat jy kan wees.

Gebruik jou bewondering vir Obama eerder as 'n inspirasie as vir nabootsing.

Wees Jy.

Doen Jy.

## 32.  LUGLEEMTE

Wat as jy besig is met 'n praatjie en jy ervaar skielik 'n lugleemte?

Moenie bekommerd wees.  Dit gebeur.

"Die menslike brein begin werk by geboorte en stop nooit tot jy in die openbaar moet praat."

George Jessel

Ek sal vir jou twee vinnige tegnieke gee wat jou altyd sal help as jy in die openbaar moet praat.

a)   Eerste tegniek is die gebruik van *aktiveerders*.

In die vloei van jou storielyn, *sal aktiveerders* jou help om jou punte te onthou en aanmekaar te koppel.  Jy kan van, of al die volgende tegnieke gebruik om jou te help om die boodskap te lewer met impak.

i)   Jou punte te lewer deur hulle te lys (1. 2. 3. 4. 5.).

ii)   Stories met keerpunte (hoogte-en laagtepunte, wat jou geestelik lei na die volgende toneel.

iii) Die gebruik van jou vingers (deur te lys op 'n fisiese manier om te help om te onthou).

iv) Liggaamsbeweging (Sekere punte en bewegings in jou storielyn sal die visie bring van wat volg).

b) Die tweede tegniek is wat ons reeds gedek het, *hernoeming.*

Hernoem jou gehoor van *aardsvyande* na *vriende.*

Jy is tussen vriende.

Waarvoor is vriende?

Dink asof hulle se, in die woorde van Jerry Maguire, *"Help my om jou te help"*

As jy ooit 'n lugleemte ervaar en jy geen idee het waar jy laas was nie, *neem eienaarskap* - vra jou gehoor om jou te help.

Ek doen dit. En ek word betaal om te praat.

Ek het al keer op keer vir my gehoor gesê, *"Weet julle wat, ek is seker 'n goudvis, en ek is seker sonder water, want ek het geen idee wat ek besig was om te sê. Waar was ek mense?"*

Die gehoor lag (1 punt), hulle sien my egtheid (1 punt) en hulle neem aktief deel deur my te herinner (en hulself) waar ek laaste was (1 punt).

Skielik, neem jy wat meeste mense so bang voor is, en jy gebruik dit tot jou voordeel.

Dis is die voordeel as jy jou gehoor as jou vriende beskou.

So, waar was ek? Reg ☺

## 33. DAAG VROEG OP

Waar gaan jy praat?

Gaan kyk die opset. Kry 'n gevoel vir die plek. Stap bietjie rond.

Dis wonderlik hoe hierdie stap alleen jou algehele resultaat positief kan beïnvloed.

Of dit die vorige dag is of selfs 'n uur voor die tyd, om toegang te hê tot waar jy jou praatjie lewer, te weet waar jy gaan staan, die opset te sien, 'n gevoel te kry vir die grote van die vertrek/ouditorium en klanktoetse te doen sal alles help.

Jou brein sal die konteks, gevoel en omgewing stoor. Wanneer dit tyd is vir die regte ding, sal jou brein dit beskou as 'n bekende plek, wat jou meer op jou gemak sal stel.

Gee aandag vir wat ek volgende gaan sê.

Om vroeg te kom stel jou instaat om *nie-amptelike* gasheer te speel, ander deelnemers te ontmoet soos hulle opdaag, met hulle te gesels, mense op voorname te leer ken and goeie verhoudings te bou.

Dit gee jou aanloklikheid 'n hupstoot in die gedagtes van die mense met wie jy konnekteer.

Wanneer mense van jou hou, sal hulle jou vertrou.

Wanneer hulle jou vertrou, sal hulle na jou luister.

Die feit dat jy moeite doen om hulle te leer ken, sal die kanse opstoot dat hulle van jou hou, jou vertrou en wanneer dit saak maak, regtig na jou luister.

"Jy kan nie 'n omelet maak sonder om eiers te breek nie"

Spreekwoord

## 34. PASGEMAAK

Trek die gehoor in en maak hulle deel van wat jy sê.

Soos 'n gepaste pak, is niks so aanloklik soos 'n gepaste boodskap.

Jy sal uitstaan en skerp lyk.

Jou boodskap sal weerklink met die gehoor. Hulle sal verbind voel.

Soek altyd om te verstaan

1. Wie jou gehoor is?

2. Wat is die konteks? Is daar 'n dringende kwessie?

3. Hoekom praat jy?

4. Wat is jou verwagting met die praatjie?

Streef voortdurend daarna om jou boodskap pas te maak met elke geleentheid wat jy kry.

**Voorbeeld A:** Jy kan 'n punt stel deur jou gehoor wat ver gereis het na jou internationale bekendstelling van jou produk, te bedank deur te sê *"Soos Tony Gonzales wat al die pad gereis het vanaf Mexico* *na Maleisië, ek wil elkeen van julle bedank dat julle die tyd gemaak het en moeite gedoen het, om vandag hier by ons te wees. Julle sal mal wees oor die voordele wat ons nuwe uitvindsel gaan bring vir jou en jou klante"*

**Voorbeeld B:** Jy verteenwoordig jou regering en moet 'n openbare praatjie lewer by 'n 'groen energie' konverensie wat gaan oor die gebruik van die brein van ons jeug.

Jy daag vroeg op, jy ontmoet 'n aantal deelnemers, een van hulle is 'n heer in sy dertigs en is duidelik passievol oor die onderwerp. Hy deel met jou sommige van dit wat hy en sy span implementeer.

As deel van die punte wat jy stel in 'n opmerklik goed saamgestelde- en duidelike praatjie, inkorporeer jy jou gesprek as 'n werklike lewens voorbeeld van die punt wat jy stel.

*"Ek glo ons het onontginde hoeveelhede energie van natuurlike hulpbronne en meer belangrik van die talent wat ooral om ons is. Vat byvoorbeeld vir Khalid, wie met my briljante idees, wat hy en sy span die afgelope jaar aan werk, gedeel het. Ek sal verseker met hom opvolg oor dit, maar ek sê vir julle, geleenthede en talente is ooral om ons. Ons moet eenvoudig net wakker word en aktief wees in die soeke na dit."*

Onthou: Ons almal waardeer om gepas te word.

## 35.  HANTEER DIE OLIFANT

As daar 'n olifant in die vertrek is, wys dit uit.

Krisis en afleggings? Stipileer dit.

Uitdagings in die gesig staar? Stipileer dit.

Foute gemaak? Stipileer dit.

A belangrike dag in geskiedenis, noem dit.

Of dit belaglik of belangrik is,  kwessies moet hanteer word.

'n Paar jaar terug, was ek op 'n toer vir sprekers.  By 'n konverensie in die Verenigde Arabiese Emirate, het ek 'n hoof toespraak gelewer vir 'n groep.  15 minute later, kry ek my eerste vraag en dit het niks te doen gehad met my toespraak.

Die jong dame van agter het 'n mikrofoon gekry en gevra,  *"van waar is jou aksent?"*.

As gevolg van my agtergrond en uitgebreide reise, word dit beskou dat ek 'n ietwat snaakse *niemandsland* aksent het.

Ek het gedink dit was 'n klein en onbelangrike aspek. Maar dit was nie.

Dit was 'n olifant wat in die pad van my boodskap gekom het.  'n Les wat ek geleer het is om dit te hantoor reg aan die begin voor ek my toespraak begin.

Sommige olifante is groter as ander.

Gaan sit in jou gehoor se stoel.

Vind uit wat hulle sal dink.

Het hulle vrae? Bekommernisse?

Moenie net vinnig glans oor dinge nie. Hanteer dit voor die tyd.

Warren Buffet se hoof maatskappy Berkshire Hathaway (waar een aandeel gewoonlik 'n oormaat van $100,000  is) is geneig om hulle jaarlikse verslag te begin deur vir hulle beleggers te vertel waar hulle verkeerd gegaan het saam met die uitdagings wat hulle ervaar het. Eers dan praat hulle oor die resultate.

As jou gehoor voel 'n kwessie moet genoem word, hanteer dit.

As jy dit nie doen nie, mors jy jou tyd.

Jou gehoor sal jou nie hoor nie.

Hulle kan nie.

Daar is 'n olifant in die pad.

"Intellektuele los probleme op, genieë voorkom dit."

Albert Einstein

## 36.  OEFENING IS VIR DIE VOËLS

Nee dit is nie.

Sodra jy jou boodskap vloeiend gestruktureer het, is oefening 'n noodsaaklikheid.

Baie jare terug, Sir Anthony Hopkins in Sydney ontmoet. Sy ongelooflike teenwoordigheid in die rolle wat hy gespeel het, het nie net gebeur deur onvoorbereid optedaag by die stel nie.  Hy het die storielyn duisend kere deurgegaan.  Hy het letterlik die karakters geword wat hy moes speel.  So was sy toeweiding tot die kuns van toneelspel en spreking.

Ek se nie jy moet elke keer in karakter wees nie  ( wel eintlik, moet jy, as jy die tyd het), maar besef dat die beste van die sprekers oefen onvermoeid.

Hoe meer geoefen jy is, hoe meer gemaklik, selfversekerd en gesaghebbend sal jy wees.

Hoe meer oefening jy agter die rug het, hoe meer op jou gemak sal jy wees met jou boodskap.

Jou fokus kan dan skuif na lewering met impak.

Alles wat ek met jou gedeel het in die boek sal verseker dat jy gemaklik oefen.

Die beste politieke figure en bestuurders oefen lank en hard. Hulle vind tyd tussen hulle skedules om dit in te pas. Hulle doen dit heeldag, heelnag, etenstye, tussen vergaderings, as hulle in die straat stap, in die kleedkamers, letterlik orals. Jy mag my selfs sien waar ek in jou stad stap soos 'n mal mens en met myself praat. Dis oefen.

Neem komediante, hulle kom met nuwe materiaal en toets dit uit in plaaslike kroë. Hulle kry terugvoering deur te sien wat werk, wat nie werk, wat werk nodig het, wat uitgesny moet word.

Elke kans wat jy kry, oefen.

Oefen geestelik, fisies, visueel en vokaal.

Jy kan nie net teks lees en dit oefen noem nie.

Dit word genoem openbare spreking. Jy moet praat.

Wanneer jy jouself hoor praat, kom jy agter waar jy moet verander, hoe jou inhoud vloei, watter byvoegings en weglatings jy moet doen. Dis wonderlik hoe baie jy self kan regmaak, net om jouself te hoor en te voel, as jy praat.

As jy die tyd het kry 'n paar vriende. Miskien het jy 'n kat wat leiding sal moet verduur. As dit nie werk, maak staat op onmiskenbare en geloofwaardige terugvoer- die spieël teen die muur.

"Moenie bang wees om met jouself te praat nie.

Dis die enigste manier wat jy seker kan wees dat iemand luister." F.P. Jones.

# 37.  OORDEELSDAG

Moet nooit iemand op sy baadjie takseer nie.

En tog doen ons almal dit.

Jou gehoor sal jou oordeel, of jy daarvan hou of nie, of jy dit verdien of nie.

Dis jou verantwoordelikheid om oorwinning te behaal oor elke punt.

Hier is paar vinnige en maklike punte wat jy *moet* wen.

Dit was ingesluit, want ek is tot vandag, stomgeslaan oor hoekom dit blyk dat gesonde verstand nie so algemeen is nie.

1.  Lyk Goed.  Ek moet dit nie sê nie maar ek gaan.  Trek netjies aan.  Trek aan vir die geleentheid. Lyk die rol.  As jy twyfel, trek oor aan.

2.  Ruik lekker – Weereens hoef ek dit nie te sê, ons hou van mense wat lekker ruik.  Stort voordat jy gaan praat.  Jy moet skoon en vars wees.  Om sleg te ruik is ongemaklik en versteur jou gehoor.

3.  Voel goed.  Van jou kop tot jou tone, trek net aan wat jou gemaklik laat voel.  Moenie 'n $300 sy hemp dra as jy

allergies is vir sy nie.  Dit maak nie saak hoeveel jy betaal het of hoe goed dit lyk op kamera.  Jy wil goed lyk, nie soos iemand wat vlooie afkrap van hulle borskas nie- *steurend.*

# 38. TYD IS VERBY

Die gehoor klap hande - want *hulle soek hom van die verhoog af*.

Jou gehoor sal dit nie waardeer dat hulle gesê word dat die verkoops voorlegging 30 minute lank sal wees, en dan 90 minute duur nie, of dat 'n openbare toespraak net 8 minute gaan duur en dan 27 minute duur.

Bly by jou tyd.  Of maak *vroeër* klaar.

Niemand sal kla as jy korter praat nie.

Jou gehoor sal dit waardeer as jy klaarmaak op tyd of voor die tyd.

Die gevoel wat jy jou gehoor mee moet los is *"Ek soek meer"*.

Of jy nou 'n *drie minute* besigheids voorlegging op 'n tv program moet doen, 'n  raadsvergadering moet lei, of op 'n verhoog moet praat, bly by jou tyd.

Dit is 'n ononderhandelbare kriteria vir jou algehele voorkoms en uiteindelike resultaat.

Los jou gehoor sodat hulle meer soek.

"Wees opreg, wees kortliks, sit."

Franklin Roosevelt

## 39.  VISUALISEER SUKSES

Visualiseer jouself teryl jy 'n praatjie lewer.

Visualiseer die interaksies.

Sien hoe die gehoor hande klap omdat hulle jou praatjie geniet het.

Die gehoor was oorgehaal.

Hulle het jou duidelike boodskap verstaan en was geinspireer tot aksie (afhangend van die doel van jou praatjie).

Visualiseer die hele proses waar jy jou praatjie van begin tot end lewer met impak.

Jy het volpunte gekry.

Herhaal hierdie proses van visualisering, soveel kere as wat jy kan.

Jou gedagtes onderskei nie tussen feit en fiksie.

Wanneer dit tyd is vir aksie, sal jou onderbewussyn sê,  *"Jinne, dit lyk bekend. Ons was al voorheen hier. Ek weet presies wat om te doen. Kom ons ruk en rol"*.

"Daar is altyd drie toesprake, vir elkeen wat jy lewer. Die een wat jy geoefen het, die een wat jy lewer en die een wat jy graag wou lewer."

Dale Carnegie

# 40. STAAN OP. PRAAT!

Martin Luther King, Winston Churchill and John F. Kennedy het die verbeelding aangegryp van hul gehoor, hulle mense en hul nasie.

Hulle het hulle boodskap gelewer op 'n manier wat gemaak het dat hulle en hul boodskap onthou word.

Jy kan dieselfde doen, maak nie saak wie jy is, en watter posisie jy in is nie.

Ek noem hierdie "Grotes" want hulle het begin op 'n plek wat tog te bekend vir meeste van ons is.

Martin Luther King (MLK) het sy gehoor bereik nie net deur woorde te lees nie. Hy het *lewe* gegee aan dit. Hy het mense se harte en denke aangeraak.

*Dit het gekom met oefening. MLK het 'n "C" gekry vir sy klas op Kollege in openbare spreking.*

Winston Churchill (WC) het 'n nasie geïnspireer. Baie is onbewus daarvan dat hy nie 'n talentvolle spreker was nie. Hy het ure, dae en weke spandeer om sy toesprake te oefen en te verfyn.

As jy moet weet, WC het gesukkel met sweterige hande en aanvalle van trane wanneer hy voorberei het. Hy het ook gestotter.

John F Kennedy (JFK) het hard gewerk om 'n man te word wat 'n goeie openbare spreker simboliseer. Dit kom met oefening, afrigting en jou beste poging aan te wend.

JFK was 'n man wie se hande en kniee *gebewe* het vroeg in sy beroep.

Wat hulle *Groot Sprekers* in gemeen gehad het, is dat hulle die tyd geneem het om hulle openbare sprekers vermoë te ontwikkel en te verfyn tot 'n kuns vorm.

Jy kan ook dieselfde doen.

Afrigting, gee jou beste, fokus, kennis, oefening- *vir altyd*.

Hierdie boek het vir jou baie gegee om mee te begin.

Jy kan net beter word, beter lewer en beter voel deur aksie.

Laat jou boodskap gehoor word. Praat!

"Word so goed dat hulle jou moet raaksien."

Steve Martin

# OP 'N SKAAL VAN 1 TOT 10

HOE VOEL JY NOU OOR JOU

OPENBARE SPREKINGS VERMOË?

1   2   3   4   5   6   7   8   9   10

Min selfvertroue                    Selfversekerd

# KAN ONS JOU EN JOU GROEP HELP?

Stem Projeksie

Lyftaal

Toespraak Skryf

Opleiding: Voorlegging Vaardigheid

Opleiding: Verkoops Voorlegging

Opleiding: Openbare Spreking

Verhoog vaardighede

Opleiding: Media

Verskaduwee

# TIPE DIENSTE SLUIT IN

In persoon Boetiek Een tot een opleiding

Bestuurs Kommunikasie en Leierskap Afrigting.

Privaat werkwinkels vir groepe.

Krisis Bestuur

Kommunikasie Konsultasie

# Besprekings Navrae:

## Info@KevinAbdulrahman.com

"Die ontwikkeling van uitstekende kommunikasie vaardighede is absoluut noodsaaklik vir effektiewe leierskap.

'n Leier moet in staat wees om kennis en idees te deel om 'n gevoel van dringendheid en entoesiasme oor te dra na ander.

As 'n leier nie 'n boodskap duidelik kan oordra

en mense kan motiveer om daarop te reageer nie,  dan

maak dit nie eens saak om 'n boodskap te hê nie."

Gilbert Amelio